Menschenskinder!

Traudl Hirschauer

Menschens-
kinder!

Geschichte(n) in Gedichten
heiter – herzlich – heimatlich

einhorn

1. Auflage, Juni 2016
© 2016 Traudl Hirschauer

Herausgeber: Traudl Hirschauer

Texte: Traudl Hirschauer

Gestaltung:
Jacqueline Oettle, einhorn-Verlag

Titelbild:
einhorn-Verlag

Bilder:
Baither, Eckart: S. 21, 25, 42, 44/45, 46/47
Blumenzwerg, Elias: S. 31, 36, 37, 40
Diefenbach, Andreas: S. 22
einhorn-Verlag: S. 32
Fotolia: S. 7
Hirschauer, Peter: S. 11, 23, 38, 39
Stadt Schwäbisch Gmünd: S. 8
Kopper, Friedrich: S. 26, 27, 28, 29
Werner K. Mayer: S. 12
Pixelio, Andreas Sulz: S. 35
Pflug, Alexander: 16/17
Wentenschuh, Walter G.: S. 18, 19

Gesamtherstellung:
einhorn-Verlag+Druck GmbH
Schwäbisch Gmünd

Das Werk und seine Teile sind
urheberrechtlich geschützt.

ISBN 978-3-95747-034-8

www.einhornverlag.de

Eduard Dietenberger
Stiftung

Inhalt

Menschenskinder!	6
Es »staufert« in Schwäbisch Gmünd	8
Ich. Du. Wir.	10
Sankt Salvator – Ehrenamt trifft Denkmal	12
Das Kreuz mit den Namen	14
Der Dreikaiserberge-Blick	16
Sankt Koloman – In Wetzgaus Mitte	18
Geschlossene Gesellschaft	20
Adam und Eva im Spitalhof	22
Kinder sind die wahren Helden!	24
Marienkapelle Wissgoldingen	26
Wo Heimat eine gute Stube hat	28
Essen und Trinken stärkt Leib und Seel'	30
Menschen im Café	32
Guck, a Muck!	34
Man nehme … Heute kocht Oma	36
Bären, Grabben und andere Neckereien	38
Garten, Gold und Gsälz	40
Reiterleskapelle Jubiläumslied	42
Herbstimpression am Hornberg	44
Tu es einfach!	46

Menschenskinder!

Menschenskinder, es gibt Tage,
da wird Schreiben mir zur Plage,
und ich fühl' mich stumm und stumpf,
's Oberstübchen schlummert dumpf.
Wo heut' nur die Worte bleiben?
Auch die Hand ist lahm beim Schreiben,
mir fällt nichts Gescheites ein,
lustlos lass ich's Grübeln sein.
Nach 'ner Weile Denkerpause
rauscht's im Kopf wie ein Gebrause.
Geistesblitze und Ideen
sich im Wirbel munter dreh'n.

Menschenskinder, welch Vergnügen!
Worte aus der Feder fliegen,
unsortiert und kunterbunt,
endlich läuft's jetzt wieder rund.
Gibt es doch so viele Sachen,
mal zum Heulen, meist zum Lachen,
die im Alltag sind gescheh'n,
zum Vergessen viel zu schön.
Heimat, Brauchtum und Geschichte
liefern Stoff für die Gedichte.
Sprache, Kinder, die Natur
führen mich auf reiche Spur.

Menschenskinder, das macht Freude!
'S Büchlein füllt sich Seit' um Seite.
Fürs Gemüt was und fürs Herz,
und dazwischen auch mal Scherz.
Doch ich sehe wohl die Grenzen,
frech und bös' taugt nicht zum Glänzen,
schnell ist etwas hingesagt,
was an Ehr' und Würde nagt.
Eines möcht' ich ernst benennen,
voller Achtung mich bekennen,
vor dem Leben und nicht minder
vor uns selber, Menschenskinder!

Es »staufert« in Schwäbisch Gmünd

Schwäbisch Gmünd ist im ganzen Land
als älteste Stauferstadt bekannt.
Mehr als achthundertfünfzig Jahre alt,
zeigt sie sich in frischer, vitaler Gestalt.
Besonders anschaulich ist hier zu finden,
wie sich modern und historisch verbinden.
Als würdiger Staufererbe-Verwalter
macht Schwäbisch Gmünd wieder Mittelalter
und richtet ein tolles Festival aus,
der gute Ruf eilt unsrer Stadt voraus:
Es »staufert« in Schwäbisch Gmünd!

Barbarossa kommt, das ist Sensation!
Die Bürgerschaft eifert und fiebert schon.
Mit festem Blick und entschlossener Geste
lädt er die Bürger zum prächtigen Feste,
zur Reise in längst vergangene Zeiten.
Schaut, wie sie zum Johannisplatz schreiten:
Gekrönte Häupter, Könige, Kaiser,
Gesandte der mächtigsten Herrscherhäuser,
adlige Frauen in edlen Gewändern,
geschmückt mit Perlen und Edelsteinbändern,
es folgen Bürger und Landvolk behende.
Die Staufersaga schafft große Momente:
Es »staufert« in Schwäbisch Gmünd!

Beim Ritterturnier und den Schwörtagspielen
kann jeder sich wie ein Staufer fühlen!
Auf schnaubenden Pferden mit scharrenden Hufen,
begleitet von lauten, begeisterten Rufen,
treffen sich Ritter zum Lanzenstechen,
mit forschem Spiel viel Spannung versprechen,
oder beim Schwertkampf kreuzen die Klingen,
um als der Stärkste den Sieg zu erringen.
Kommt mit ins Stauferzelt! Im Feuerschein,
schlürfet den Gerstensaft, kostet vom Wein.
Hört ihr der Laute betörende Klänge,
das Schlagen des Tamburins und die Gesänge?
Seht ihr die Handwerker hämmern und schmieden,
fürs Kettenhemd Drähte biegen und nieten?
Es »staufert« in Schwäbisch Gmünd!

Was heißt nun: Es »staufert« in Schwäbisch Gmünd?
Zukunft braucht Herkunft! Die Bürger sind
der Tradition ihrer Stadt verbunden.
Sie haben im Ehrenamt sich gefunden,
bringen sich ein ohne lange zu fragen,
wollen gemeinsam Verantwortung tragen,
voll Engagement mit viel Fleiß und Streben,
der Stadt ein menschlich' Gesicht zu geben.
Den Geist der Gemeinschaft gilt's zu erhalten
und Hand in Hand unsre Zukunft gestalten.
Dann geht auch weiter durchs Land die Kunde:
Freu dich Gamundia – Gaude, Munde!

zum Stauferfestival 2016

Ich. Du. Wir.

Der Mensch lebt nicht allein auf der Welt,
zu tun und lassen, was ihm gefällt,
stets um das eigne Ich zu kreisen,
es gilt, das Menschsein zu beweisen.

Vom Ich zum Du, in kleinen Schritten,
nicht warten, dass dich andre bitten,
lauf los und geh auf Menschen zu
und öffne dich, vom Ich zum Du.

Mit guten Freunden Zeit verbringen,
mit Kindern spielen, lachen, singen,
sag doch zum Nachbarn mal Hallo
und frag ihn: Na wie geht's denn so?

Am Krankenbett geduldig stehen,
Mut machen, zuhör'n und verstehen.
Mit Trauernden am Grab verweilen,
mit stillem Trost die Tränen teilen.

Ein offnes Ohr für Sorgen haben,
den ewig alten Zwist begraben,
bei Streit vernünftig auszugleichen,
die Hände zur Versöhnung reichen.

Was du verschenkst an Freud und Glück,
kehrt tausendfach zu dir zurück
und macht dein Leben reicher hier,
mach mit, vom Ich zum Du zum Wir!

Salvator

Ehrenamt trifft Denkmal

»Erhebe deine Augen und sieh«
der Aufruf ist so aktuell wie nie!

Der Salvator mit seinen Felsenkapellen,
gehört zu Gmünds bekanntesten Stellen,
wo sich der barocke Kreuzweg befindet,
und Glauben mit Heimat sich eng verbindet.
Am Südhang vom felsigen Nepperberg,
entdeckt man's: Caspar Vogts Meisterwerk.

Was hier geschaffen vor 400 Jahren,
das gilt's verantwortungsvoll zu bewahren,
gehauen in Sandstein, geschnitzt in Holz,
seit Generationen betrachtet mit Stolz –
ein Ausdruck echter Volksfrömmigkeit!
Doch sieht man deutlich die Spuren der Zeit.

Das Holz wird brüchig, die Steine porös,
so manchen Bildstock erwischte es bös.
Das traf viele Gmünder bis tief ins Mark,
sie machten sich für die Erhaltung stark.
Bald wurde ein Freundeskreis gegründet,
der aktive Unterstützung findet.

Inzwischen sieht man seit mehreren Jahren,
die fleißigen Helfer in ganzen Scharen,
wie sie in zahllosen Stunden und Tagen,
sich an die große Herausford'rung wagen,
Gmünds heiligen Berg neu herzurichten,
man kann nur staunen und stolz berichten!

Mit Sachverstand ging's ans Restaurieren,
die schadhaften Stellen zu reparieren,
verspachteln, schmieden, hämmern, sägen,
und das bei Hitze, Wind und Regen.
Nun fließt in der Ecce-Homo-Kapelle
aus Jesu Leib wieder die Brunnenquelle.

In frischem Glanz die Salvatorklause
lädt ein zu Näpperle und Vesperpause.
Man muss alle Helfer gebührend loben –
und Caspar Vogt freut sich im Himmel droben!
In Gmünd wird das Ehrenamt sehr geschätzt,
Sozial-Engagement ist bestens vernetzt.

Was wir erhielten aus der Väter Hand,
bleibt reiches Erbe uns für Stadt und Land!

zum 400-jährigen Jubiläum 2017

Das Kreuz mit den Namen

Nomen est Omen

Heut war ein Fremder hier im Ort,
woher er kommt, weiß keiner,
man fragt sich bloß, was tut er dort,
was isch des denn für einer?

Der neue Pfarrer isch's, wie schee,
der geht von Haus zu Haus,
jetzt isch er grad beim Bäcker gwä
und fragt den Lehrbub aus:

»Wie heißen denn die Leute hier?«
Der Lehrbub guckt ganz knitz:
»Hier heißen alle Buba Karle,
bloß unser Otto, der heißt Fritz«.

Der Pfarrer guckt verwundert drei',
des hat er net kapiert,
wie denn der Nachnam' dazu sei,
das fragt er ungeniert.

»Die Nachbarn heißen Hägele,
Röhrle, Möhrle, Nägele,
Eberle und Scheuerle,
Eisele und Bäuerle.

Ich tät's ja scho auf Hochdeutsch sagen,
doch i bring's halt net na,
weil man zum Fräulein Schäufele
net Schaufel sagen ka.

Da drübe kommt mei Marie-Bäs,
des isch die Frau im gstrickte Häs.
Die wohnt im nächsten Ort gradaus,
der heißt ganz tierisch, such dir's aus:

Isch's Hundsberg, Schweindorf, Katzenstein,
isch's Käfertal, kann's Fuchseck sein?«
Der Pfarrrer lacht recht heiter,
und fragt den Lehrbub weiter,

ja, wer denn sei' Familie sei?
Der Lehrbub meint: »O heidenei!
Mein Papa sagt zur Mama Schätzle,
mei Herzele und mei lieb's Spätzle,

zur kleinen Schwester Scheißerle,
zeig au amol dei' Beißerle
du bisch ja so a nette Grott.
Jetzt weisch's Herr Pfarrer – und Grüß Gott!«

Der Dreikaiserberge-Blick

Schau ich vom Hornberg übers Stauferland,
dann weiß ich, Heimat ist aus Gottes Hand.
Ich seh drei prächt'ge Berge vor mir liegen,
die sich markant in weite Landschaft fügen;
wie eine Krone majestätisch und erhaben,
hoch zwischen Rems und Fils im Herz von Schwaben.
Als Zeugenberge schon seit altersher bekannt,
vom Volksmund die »Dreikaiserberge« stolz genannt.

Was weht der kühle Westwind uns herüber?
Vom Hohenstaufen aus der Mitte gegenüber
ein Hauch von längst vergang'ner Weltgeschichte zieht,
von mächt'gen Herrschern, edlen Frauen klingt ein Lied
und heißt uns still dem Ruhm der Staufer lauschen.
Vom Stuifen dringt der Bäume tiefes Rauschen;
auf diesem höchsten Berg mit Wäldern, grün und licht,
ist nun ein Landschaftskreuz aus schlichtem Holz errich'.

Der Hohenrechberg grüßt so friedlich zu uns her,
mit Turm und Kirche uns zum Segen, Gott zur Ehr,
lädt zur Marienwallfahrt ein, den Kreuzweg hochzugeh'n.
Die alte Burg, vom Blitz zerstört, blieb als Ruine steh'n.
Kultur, Natur, Geschichte im Dreiklang fest verbunden,
die Menschen haben reichen Lebensraum gefunden,
der Herrgott hat's mit unsrer Heimat gut gemeint:
Drei Berge unter einem Himmel hier vereint!

Sankt Koloman

In Wetzgaus Mitte

Mit farbigen Dachziegeln reich bestückt,
mit einem Helm, spitz und hoch, geschmückt,
der heimische Kirchturm zum Himmel ragt,
vom Kirchlein Sankt Coloman, das hochbetagt,
seit sechs Jahrhunderten stolz und markant
im Herzen des alten Ortskerns stand.
In Wetzgaus Mitte.

Die Wetzgauer lebten in einstigen Zeiten
demütig, gottesfürchtig, bescheiden.
Das Land wurde ihnen als Lehen gegeben,
von Arbeit und Not geprägt war das Leben.
Fest im christlichen Glauben verbunden,
hat man sein Heil in der Kirche gefunden.
In Wetzgaus Mitte.

Zuerst noch von einer Mauer umgeben,
schützte die Wehrkirche Leib und Leben,
durch Schießscharten oben ringsum im Turm
mit Armbrust und Büchs' gegen Feindes Sturm.
Als einzige Kirche im schwäbischen Land,
ist sie nach Sankt Koloman benannt.
In Wetzgaus Mitte.

Mit Pferdesegnung und Prozession*
ehrt man noch heute den Schutzpatron
von Pferden, Krankheit und Feuersgefahr,
als Märtyrer er einst erhängt worden war.
Die Reliquie wurde mit viel Bedacht,
als kostbarer Schatz hierher überbracht.
In Wetzgaus Mitte.

Führt in den Kirchenraum unser Schritt,
sieht man das Ölbild vom Kolomanritt.
Mit Strick um den Hals und Stab in der Hand,
hat Koloman seinen Platz an der Wand.
Aufs gotische Taufbecken fällt unsre Sicht,
aus Stein gemeißelt, standhaft und schlicht.
In Wetzgaus Mitte.

Vergangenheit achten, nach vorne schauen,
zudem auf starke Gemeinschaft bauen,
in Dankbarkeit das Vermächtnis bewahren,
den Kindern und Enkeln in kommenden Jahren!
Es möge Wetzgau auch künftig gedeih'n
und Sankt Koloman weiter der Mittler sein.
In Wetzgaus Mitte.

*Wiederaufnahme der Reiterprozession
zum 750-jährigen Ortsjubiläum
von Wetzgau 2016

Geschmunzelte Geschichte

Geschlossene Gesellschaft

germanisch gestabt

Geburtstag gefeiert,
geladene Gäste,
gerne gekommen,
Geschenke gebracht,
gediegene Garderobe getragen,
gegrüßt, geküsst, gelächelt,
gespannt gewartet,
Gespräch gesucht,
Glück gehabt,
gut gelaunte Gäste getroffen,
gesellig geplaudert,
gut gefühlt!

Gelegenheit genutzt,
Gedicht gesprochen,
Geburtstagsständchen gesungen,
gefreut, geklatscht.

Griesgrämige Gäste gesehen,
Geltung gesucht,
gelangweilt gegähnt,
gekünstelt gelacht,
genörgelt, genervt,
Gastgeber geärgert.

Getränke gereicht,
Gläser gefüllt,
Großmutters Goldrandgeschirr gedeckt,
gemütlich gesessen,
genüsslich geschmatzt,
Gerichte geschmackvoll gewählt,
gekonnt garniert,
gemeinsam gekostet,
genial gemundet,
Gastgeber gebührend gelobt,
großartig gwä!

Adam und Eva im Spitalhof

mondvolle Nacht
zwei im lichthellen Schein
muss dich nicht ansehn
muss dich nur spüren
vertraute Nähe
heute morgen
wann immer du willst
ja ich will
wie lange dauert die Nacht

traumversunken
in deinem Arm geborgen
führe mich in Versuchung
die Schlange schweigt
wir sind ein Paar
jetzt später
für alle Zeit
ja ich will
zwei im Paradies
Mondnacht im Spitalhof

Bild gemalt von Andreas Diefenbach
zum Thema »Spital« anlässlich der
Gmünder ART 2013

Kinder sind die wahren Helden!

Über alle Kontinente
reichen Kinder sich die Hände,
haben zur Versöhnung Mut.
Wollen neue Brücken bauen,
bieten Hoffnung und Vertrauen,
und die Welt wird wieder gut.

Kinder brauchen keine Waffen,
um Gerechtigkeit zu schaffen,
hassen Terror und Gewalt.
Können Grenzen überwinden,
lang Getrenntes neu verbinden,
und der Frieden kommt schon bald.

Kinder möchten Glück bereiten
und für ihre Chancen streiten,
offen, ehrlich, tolerant.
Wollen fest zusammenhalten,
ihre Zukunft selbst gestalten
mit viel Herz und viel Verstand.

Kinder sind die wahren Helden,
meistern ihre Alltagswelten
ganz egal in welchem Land.
Wollen lachen, wollen leben,
Menschlichkeit und Freiheit geben,
Freunde werden – Hand in Hand.

Marienkapelle Wißgoldingen

»Drückt dich ein Weh, zur Mutter geh,
und sag es ihr, gern hilft sie dir«.

Den Glaubensweg gehend, kommt man dort
zu Wißgoldingens altem Wallfahrtsort.
Mit Blick auf den Stuifen, Wald und Flur,
umgeben von wunderschöner Natur,
steht dort ein Kleinod an einsamer Stelle:
die schlichte barocke Marienkapelle.
Der Muttergottes zum Dank geweiht,
als Ausdruck von tiefer Frömmigkeit.
Seit zweihundertfünfzig Jahren und mehr
kommen die Menschen zum Beten hierher,
zur Mutter Maria mit Jesuskind,
die mitten in unseren Herzen sind.

Man tritt in Andacht zur Holztür ein,
erblickt den Altar in lichtem Schein.
Er ist des Kirchleins edle Zierde,
zeigt Mutter Maria in himmlischer Würde,
mit gütigem Blick und Lächeln mild.
Maria hat viele Bitten erfüllt,
geholfen, getröstet und gesegnet,
den Menschen, die ihr gläubig begegnet.
Das weiße Altartuch trägt die Worte,
von Hand gearbeitet in der Borte,
lies es, vertraue und versteh:
»Drückt dich ein Weh, zur Mutter geh,
und sag es ihr, gern hilft sie dir.«

zum 250. Jubiläumsjahr 2015

Wo Heimat eine gute Stube hat

Grüß Gott, liebe Freunde! Schaut doch mal rein!
Ein jeder Gast soll uns willkommen sein,
im Heimatmuseum in Waldstettens Mitte,
vom Rechbach und Stoffelbach nur ein paar Schritte.
Hier ist vor Jahren ein Schmuckstück entstanden,
wo Mensch und Kultur sich harmonisch verbanden.

Wo Heimat eine gute Stube hat.

In alten Urkunden, spannend zu lesen,
der Weltenbauer-Hof war stattlich gewesen,
konnt' Hoflieferant für den Burgvogt sein.
Jetzt neu errichtet vom Heimatverein,
mit starker Leistung und fleißiger Hand,
mit Herzblut, Geschick und viel Sachverstand.

Dass Heimat eine gute Stube hat.

Was früher als typisches Handwerk galt,
erhält in der Ausstellung wieder Gestalt:
Muranoglasperlen, von Frauen geschickt
zu Perltaschen sorgsam gefasst und gestrickt.
Die Beindreherarbeit zeigt filigran,
welch Kunstwerk aus Knochen entstehen kann.

Weil Heimat und Arbeit zusammengehören.

Die Pfeife aus heimischem Wurzelholz
war weltweit manch' Mannes Raucherstolz.
In kargen Zeiten voll schmerzlicher Not
gab uns'ren Familien die Heimarbeit Brot.
Die Pflege von Brauchtum und Tradition
geht weiter zur nächsten Generation.

Weil Heimat eine gute Stube braucht.

Das ganze Museum voll kostbarem Schatz,
historisches Erbe am richtigen Platz.
Mit Omas Häkelgardinen und Stühlen,
kann man sich gleich wie zu Hause fühlen!
Die Leute kommen zu Kaffee und Kuchen –
Erinnerung tauschen, Begegnung suchen.

Wo Heimat eine gute Stube hat.
Willkommen im Heimatmuseum Waldstetten!

Essen und Trinken stärkt Leib und Seel'

Auf eins im Leben bin ich versessen,
mein schönstes Hobby ist halt gut essen,
am liebsten schwäbische Hausmannskost,
dazu ein Bier oder Gläsle Most.

Schon nach dem Frühstück ruf ich ganz laut:
'S gibt Bubespitzle mit Sauerkraut!
Zum Kaffee nehm ich 'n Träubleskuchen,
oder auch Springerle zum Versuchen!

Mei' Zwischenmahlzeit, was isch wohl des:
'N echt Gmender Briegel mit Leberkäs.
Zum Vesper 'n Presskopf und Schinkenwurst,
was glaubst wohl, des gibt 'n guten Durst!

Die Ostalb isch a eigene Gegend
mit Weinbau net so b'sonders g'segent.
Doch wachsen Kirschen, Birnen, Pflaumen,
die streicheln zweimal unsren Gaumen:

als frische Früchte, saftig und süß,
ein Obstler als Grüßle vom Paradies,
von heimischen Brennereien gebrannt,
bei Kennern als edle Tröpfle bekannt.

Was braucht man da noch lange erörtern,
es hilft Genuss und Verdauung fördern.
Auch wird dabei die Stimmung beflügelt,
trinkt man das Schnäpsle nicht ungezügelt.

Man merkt, der Schwabe ist kein Spießer,
beim Essen und Trinken wahrer Genießer.
Die schwäbische Küche hat Weltruhm erlangt,
was Qualität und Geschmack anbelangt.

Wer glaubt, man wird dick und dumm davon,
den lade ich ein zum Albmarathon.
Drum mach ich daraus jetzt keinen Hehl:
Essen und Trinken stärkt Leib und Seel'.

Menschen im Café

kommen und gehen
Nähe trinken
im Sessel versinken
vertieft im Lesen
verträumt gewesen

gesehen und sehen
Blicke tauschen
Stimmen lauschen
Worte teilen
entspannt verweilen

genießen verstehen
kaffeeduftumspült
wohl gefühlt
Uhr vergessen
Zeit besessen
frei gewesen

Guck, a Muck!

Wie ich zum Fliegenfänger wurde

Die Schulzeit war, im Nachhinein beseh'n,
für mich als Kind meist unbeschwert und schön.
Bleibt auch das Zeugnis lebenslang geschrieben,
so sind nicht nur die Noten mir geblieben,
zum Schülerdasein fallen mir sogleich
die vielen Späße ein und mancher Streich.

Die große Pause sehnsüchtig erwartet,
bin ich zum Vespern auf den Hof gestartet,
als mir ein blödes Missgeschick passiert:
'Ne Fliege hat sich in mein' Mund verirrt.
Der muss wohl grad geöffnet g'wesen sein,
die Fliege flog recht ungeniert hinein.

Und eh ich mich vor Schreck verguckt,
war schon die ganze Muck verschluckt!
Wie eklig, scheußlich, welch ein Graus!
Wie krieg ich jetzt das Viech bloß raus?
All' Räuspern, Würgen, Husten half nichts mehr,
ich brauchte dringend Hilfe, bitte sehr!

Die Menge stand um mich herum und lachte,
weil ich so ulkige Grimassen machte.
Mein Lehrer riet mir, mich zu bücken,
er klopfte kräftig auf den Rücken.
S'hat nichts genützt, ich konnt's nicht fassen,
ich musst' es halt geschehen lassen.

Oh nein, im Mittelpunkt wollt' ich nicht stehn,
dass alle mich als Pausenkasper sehn.
Und obendrein, das hatt' ich nun davon,
Gekicher, Schadenfreude, Spott und Hohn.
Man witzelte, ob ich so geizig wär,
dass ich die Fliege nicht mehr gäbe her.

Das böse Lästern ging noch länger:
man nannte mich jetzt »Fliegenfänger«.
Der Schultag schier kein Ende nahm!
Als ich geknickt nach Hause kam,
da setzt' mein Vater noch eins drauf:
»Warum machsch' d'Gosch au so weit auf!«

Man nehme …

Heute kocht Oma

Geht es Ihnen auch wie mir?
Die Enkel stehen vor der Tür.
»Omi, hast du uns vergessen?
Wir sind heut' bei dir zum Essen!«

Ihr wisst, ich lass' euch nicht verhungern,
ihr braucht auch nicht lang rumzulungern,
gleich geht's los, kommt rein, ihr Kids,
bei Oma gibt's heut' nix Pomm' Frites!

Wir kochen jetzt mit Herz und Hand
das Beste aus dem Schwabenland.
Man nehme:

Frische Kost vom Markt und Garten,
Obst, Gemüse aller Arten.
Gut soll's sein und allen schmecken,
ihr könnt euch die Mäulchen lecken,

Linsen und geschabte Spätzle
für große und für kleine Schätzle,
grüne Bohnen, Hefeknöpfle,
Maultaschen im Suppentöpfle.

Als Dessert gibt's Apfelstrudel
oder lieber Schneckennudel?
Hm, was für ein feiner Duft
liegt in unsrer Küchenluft!

So, nun steht nicht lange rum,
bindet euch die Schürzen um,
schneidet feine Streifen Flädle,
für Salat Kartoffelrädle!

Kräftig mit dem Löffel rühren,
zwischendurch auch mal probieren,
aber nicht am Messer schlecken!
So, nun lasst den Tisch uns decken,

nehmt jetzt alle fröhlich Platz,
ich pass' auf, dass keiner schmatzt!
Bei Oma essen ist ein Hit!
Ich wünsch euch: Guten Appetit!

»Omi, das schmeckt heut' wieder gut!«

Bären, Grabben und andere Neckereien

Fast alle Ortschaften ringsum im Land,
sind durch die Spitznamen weithin bekannt.
In Bartholomä holen Männer ganz fleißig
als Birkenschnalzer vom Baum das Reisig.
Während in Weiler der Bergochs macht muh,
schlägt der Igginger Pfau sein Rad dazu.

Kann man die Remsgöckel nur selten sehen,
in Hussenhofen hört man sie Kikeriki krähen.
Warum die Bettringer Halbhierige heißen,
konnte mir bisher noch niemand beweisen.
Bei Regen hört man's in Waldstetten kleppern,
d'Wäschgölten in Zubern den Bach na'scheppern.

In Straßdorf ist's Kälble beim Tränken abg'haut,
der Bauer hat tagelang nach ihm g'schaut.
Die mutigen Männer vom Turnverein,
die fingen die Kalbel schließlich ein,
sind stolz als Kälblesjäger marschiert!
Und womit sind d' Herliköfer spaziert?

Jawohl, mit 'nem rabenschwarzen Grabben!
Zwei Lindacher nachts durch d'Grünhalde tappen,
als einer der Männer sich heimlich versteckt,
den andern als Bär gar heftig erschreckt,
hat dessen Fleischpäckle listig ergattert,
der Arme war aus Angst ganz verdattert.

Die Heubacher Mondstupfler, gar nicht dumm,
die stochern mit Stangen am Himmel rum,
sind nachts auf den Rosenstein gegangen
und wollten den bleichen Mond einfangen.
Der Böbinger Spitzname ist recht amüsant,
sie werden gern Heckenscheißer genannt.

Nun ja, was sich neckt, das liebt sich, heißt es,
so manche nette Geschichte beweist es.
Wem immer auch die Neckereien galten:
Es lohnt sich, diese lebendig zu halten!

Garten, Gold und Gsälz

Worauf eigentlich noch warten?
Reife Früchte gibt's im Garten,
sind zum Pflücken schon bereit,
Erntezeit ist gold'ne Zeit!

Äpfel, Birnen, Kirschen, Beeren,
kann der Sommer mehr bescheren?
Obst wie aus dem Paradies,
reif und prall und zuckersüß!

Bevor ich lang mein Kochbuch wälz',
mach ich mei'm Mann sein Lieblingsgsälz.
Er mag gern Zwetschgen und auch Quitten,
entkernt, gesäubert, klein geschnitten,

im Topf mit Zucker gut verrührt,
damit es auch schön musig wird.
Noch heiß füll ich's in Gläser ein,
das duftet schon so richtig fein!

Jetzt schnell den Löffel abgeschleckt,
und schon hat's auch mein Mann entdeckt,
durch d' Küchentür streckt er den Kopf:
»Gibt's jetzt mein Gsälz mit Hefezopf?«

»Oh freilich, Schatz, sitz an den Tisch,
und lass dir's schmecken, gut und frisch!«
Dazu 'ne heiße Tass' Kaffee,
ach ist das Leben doch so schee!

Ein selbstgmacht's Gsälz, des ist fei' wahr,
ist Hochgenuss im ganzen Jahr!

Reiterleskapelle
Lied zum 300-jährigen Jubiläum 2014

Ich wand're gern zum Reiterleskapelle,
geh von Waldstetten in die Flur hinaus,
beim Kalten Feld und Schwarzhorn liegt die Stelle:
auf Fels gebaut das kleine Gotteshaus.

Von Sagen und Geschichten reich umdichtet,
seit alters her Sankt Leonhard geweiht,
aus schlichtem weißem Kalkstein einst errichtet,
zur stillen Einkehr und zur Dankbarkeit.

Ich sitz im Schutz der großen, alten Linde,
im Sommer fächelt sie mir Kühle zu,
im Winter brausen kräftig kalte Winde,
und immer finde ich hier Kraft und Ruh.

Refrain

Die Reiterleskapelle bei Tannweiler
ist Teil der wunderschönen Heimat mein,
erhaben zwischen Rems und Fils gelegen,
mit Aussicht in das weite Land hinein.
Willst du ein echtes Kleinod seh'n:
Komm, lass zum Reiterle uns geh'n!

Herbstimpression am Hornberg

Novembertag mit Goldrand

Der Morgen trist und trüb,
von kühler Einsamkeit umfangen.
Müde schweigt die Natur.
Graue Nebel ziehen zäh
am Trauf entlang.
Wo sich der Schleier lichtet,
fallen Sonnenstrahlen
auf gelbes Laub
an schwarzem Ast,
hüllen die Bäume
in wärmendes Licht.
Versöhnlich mild
zeigt sich der Mittag.
Es schimmert der Wald
in satten Farben,
glutrot-goldbraun leuchtend,
verklärtes Träumen.
Der Herbst schenkt uns
ein letztes Lächeln.
Novembertag mit Goldrand.

Tu es einfach!

Verleih dem Augenblick mehr Freude,
streich deinen Alltag farbig an,
und setz dich auf die Sonnenseite,
sag jeden Morgen: ja, ich kann!

Tu es einfach!

Ist dir beim Baden mal nach Singen?
Dann blubber kräftig in den Schaum,
lern über deinen Schatten springen,
schlag einfach mal 'nen Purzelbaum!

Tu es einfach!

Hör auf die Stimme in dir drinnen,
gib deiner Sehnsucht neuen Raum,
lass deine Zeit nicht nur zerrinnen,
erfüll dir einen alten Traum!

Tu es einfach!

Steck andre an mit frohem Lachen,
verschenke eine Handvoll Zeit,
ganz einfach Menschen glücklich machen,
nütz heute die Gelegenheit!

Tu es einfach!